Nota para los padres

DK READERS es un convincente programa para lectores infantiles desarrollado por un equipo de expertos en la didáctica del lenguaje, entre los que destaca la Dra. Linda Gambrell, directora de la facultad de educación Eugene T. Moore de la Universidad de Clemson. La Dra. Gambrell también ha sido presidenta de la Conferencia Nacional de Lectura y miembro de la junta directiva de la Asociación Internacional de Lectura.

Combinamos bellas ilustraciones y magníficas fotografías a color con textos entretenidos y sencillos, con el fin de ofrecer una aproximación amena a cada tema en la serie. Cada volumen de la serie DK READERS captará el interés del niño al tiempo que desarrolla sus destrezas de lectura, cultura general y pasión por la lectura.

El programa de DK READERS está estructurado en cinco niveles de lectura, para que pueda usted hacer una elección precisa y adecuada a las aptitudes de su hijo.

Prenivel 1 – Para principiantes
Nivel 1 – Primeros pasos
Nivel 2 – Lectura asistida
Nivel 3 – Lectura independiente
Nivel 4 – Lectura avanzada

Dado que la edad "normal" para que un niño empiece a leer puede estar entre los tres y los ocho años de edad, estos niveles han de servir sólo como una pauta general.

Pero sea cual sea el nivel, usted le ayudará a su hijo a aprender a leer...¡y a leer para aprender!

LONDRES, NUEVA YORK, MÚNICH,
MELBOURNE Y DELHI

Editora Dawn Sirett
Directora de arte Jane Horne
Editora principal Linda Esposito
Directora de arte principal Diane Thistlethwaite
Editora en EE. UU. Regina Kahney
Producción Melanie Dowland
Investigación de photos Angela Anderson
Asesora de historia natural Theresa Greenaway
Asesora de lectura Linda B. Gambrell, Ph.D.

Versión en español
Editora Elizabeth Hester
Directora de arte Michelle Baxter
Diseño Jee Chang
Producción Ivor Parker
Diseño DTP Milos Orlovic

Traducción Producciones Smith Muñiz

Primera edición estadounidense, 2000
Versión en español, 2005
12 11 10 9 8 7 6 5
Publicado en Estados Unidos por DK Publishing, Inc.
375 Hudson Street, New York, New York 10014

006-DD415-Aug/2005

Publicado en Gran Bretaña por Dorling Kindersley Limited.

A catalog record for this book is available from the Library of Congress.
ISBN-13: 978-0-7566-1197-2

Reproducción a color por Colourscan, Singapur
Impreso y encuadernado en Belgium por Proost

La editorial agradece su generosidad en conceder
permiso para la reproducción de sus fotos a:
a=arriba, c=center, b=abajo, l=izq., r=der., t=parte superior
Ardea London Ltd: Peter Steyn 4 bl; **Bruce Coleman Collection Ltd**:
Trevor Barrett 6–7, 19 c, Erwin & Peggy Bauer 28, Fred Bruemmer 10 t,
Alain Compost front cover, 17, Peter Davey 26 b, Chrisler Fredriksson 27 cl,
32 crb, Janos Jurka 22 t, Steven C. Kaufman 15 t, 15 cr, 32 bl, Gunter Kohler
16 c, Stephen Krasemann 24 b, Leonard Lee 7 t, Joe McDonald 3 b, 23 b,
M. R. Phicton 4 cra, 4 cr, Jorg & Petra Wegner 5 b; **NHPA**: B. & C. Alexander
12 b; **Oxford Scientific Films**: Martyn Colbeck 9 t, 30–31 b, Daniel J. Cox
14 tr, 14–15 b, Kenneth Day 5 tr, 13 t, 32 tl, Michael Fogden 13 b,
Zig Leszczynski 10 b; **Planet Earth Pictures**: Gary Bell 29 c, 29 inset, 32 br,
Tom Brakefield 21 t, Robert Franz 25, M. & C. Denis Huot 2 br, 18 b,
Brian Kenney 27 t, Pavlo de Oliveira 8–9 b, Doug Perrine 20–21 b.

Photos para DK:
Peter Anderson, Jane Burton, Frank Greenaway,
Colin Keates, Dave King, Bill Ling, y Tim Ridley.

Descubre más en
www.dk.com

DK READERS

PRIMEROS **1** PASOS

Crías del mundo animal

Karen Wallace

DK Publishing, Inc.

Los animales crecen de maneras distintas. Deben aprender muchas cosas. Algunos al nacer están indefensos, pero sus madres los protegen. Un canguro acabado de nacer es del tamaño de una abeja.

Va arrastrándose y se mete en la bolsa de su madre.

No abre los ojos hasta
que tiene por lo menos
cinco meses.

el ojo

Un mono recién nacido
no sabe caminar. Su madre
lo lleva al hombro a todas partes.

5

Otras crías ya caminan
poco después de nacer.
Aprenden a correr con su
madre cuando hay peligro.

Los rinocerontes se paran sobre
sus pezuñas unos minutos
después de nacer.

las pezuñas

La cebra comienza a correr una
hora después de nacida.

Algunos animales nacen
en un lugar seguro. Otros
nacen a campo abierto.

Los lobos nacen en cuevas.

Los elefantes nacen en un campo
abierto y cubierto de hierba.

Los elefantes grandes
hacen un círculo
para protegerlo.

Todos los animales de este libro
toman la leche de su madre.
Se les llama mamíferos.

La leche de la foca es grasosa y
nutritiva. Sus crías necesitan mucha
grasa para protegerse del frío y la nieve.

Los ositos
maman la
leche de la
madre durante
seis meses.

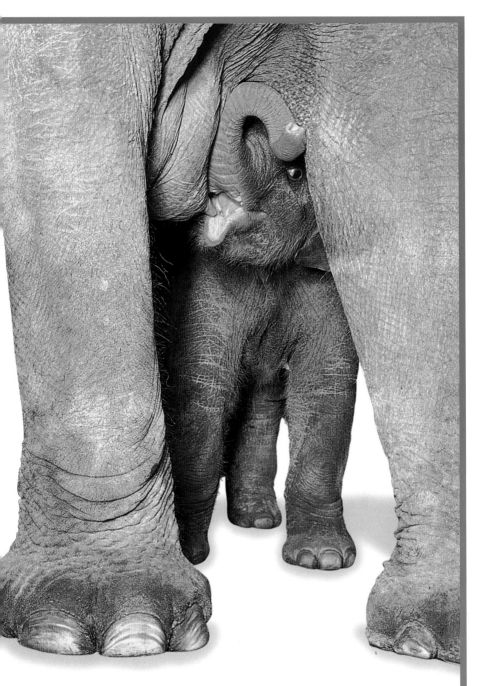

¡Los elefantes maman la leche de
su madre durante dos años o más!

Las crías de mamíferos andan con sus madres para protección.

Cuando están en tierra, las morsas bebés andan siempre debajo de su madre.

El canguro pequeño va en la bolsa
de su madre.

El perezoso bebé tiene que sujetarse
bien. ¡Su madre está patas arriba!

Las crías deben
estar limpias para
no enfermarse.

la lengua

La mamá chita lame el
suave pelaje de su cachorro
con su lengua áspera.

La mona saca los piojos
de la espalda de su bebé
con sus largos dedos.

los dedos

Cuando las crías comienzan
a crecer, necesitan comida sólida.

Los cachorros de león comen
lo que su madre logra cazar.

Los orangutanes bebés
comen frutas que su madre
mastica primero para
ablandarlas.

Las crías de otros animales aprenden
muy pronto a buscar su propio alimento.

El búfalo come hierba desde que
es un ternerito.

los labios

La jirafa bebé arranca hojas
con sus gruesos labios.

Las crías reconocen la voz
de su madre. Si se sienten
en peligro, la buscan
enseguida.

Las crías de delfín escuchan a
su mamá cuando hace este sonido:
"Clic, clic, clic".

¡CLIC!

¡CLIC!

¡CLIC!

Las focas bebés conocen
el llamado de su madre.

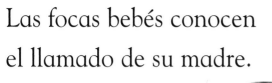

Cuando hay peligro en el agua,
las crían hacen lo que les dicen.

Los pequeños castores
se sumergen en el agua
cuando escuchan el
porrazo de la cola de
su madre.

la
cola

El hipopótamo bebé se queda
junto a su madre cuando ésta
lanza un gruñido de advertencia.

Cuando hay peligro en el bosque,
las crías hacen lo que les dicen.

El cervatillo se echa sobre la
hierba y se queda inmóvil para
que no lo vean.

Los cachorros
del oso trepan
a un árbol
cuando su
madre les gruñe.

Cuando las crías se hacen
un poco mayores, comienzan
a valerse por sí mismas.

El joven chimpancé usa un palito
para sacar los insectos de su escondite.

Los cachorros de nutria
aprenden a nadar para
poder pescar.

la
trompa

El joven elefante
usa la trompa para
arrancar hojas
de los árboles.

Las crías de animales juegan
ciertos juegos que les enseñan
a valerse por sí mismas.

Los lobeznos se pelean y se muerden
entre sí. Simulan que están cazando.

Los koalas bebés juegan en los árboles.
Así aprenden a trepar por las ramas
con sus afiladas garras.

las garras

Las crías crecen con el tiempo.
Aprenden bien sus lecciones y
ya no necesitan de su madre.

Los koalas
a los dos años
ya son adultos.

¡Los elefantes tardan
veinticinco años en
crecer del todo!

Y un buen día las crías llegan
a la edad en que pueden
tener sus propias crías.

Glosario ilustrado

el ojo

página 5

los labios

página 19

las pezuñas

página 6

la cola

página 22

la lengua

página 14

la trompa

página 27

los dedos

página 15

las garras

página 29